10代からの
ヘルスリテラシー

スマホ・ゲーム

監修＝松本俊彦
国立研究開発法人 国立精神・神経医療研究センター
精神保健研究所 薬物依存研究部 部長

大月書店

もくじ

3章 スマホ・ゲーム依存の予防と対策

★この本に登場するキャラクターの紹介★

フクミン
みんなに依存症について教えてくれるなぞのフクロウ。ときどきするどい発言をする。

ソウ
中学入学と同時にスマホデビュー。ゲームが趣味。自分は「依存症」とは無縁だと思っている。まじめな性格。

ツムギ
塾でエナジードリンクがはやっているので、試験前や緊張したときに飲んでいる。やさしい性格で心配性。

リン
部活をがんばっていて、最近はダイエットに興味がある。明るい性格でみんなのムードメーカー。

ヨウタ
流行などいろいろなことを知っていて、依存症についても少しだけ知識がある。明るくて元気な性格。

はじめに

みなさんへ

みなさんは「依存症」というと、どんなイメージをもちますか？

いわゆる覚醒剤や大麻といった違法ドラッグによる薬物依存をしている人を想像するのではないでしょうか。

これもまちがいではないですが、ここ最近はスマートフォンの普及により、インターネットやゲームに依存して、通常の日常生活を送れなくなってしまうような事例が増えています。インターネットやゲームには人を依存させる危険性があるのです。

この背景には、インターネットやゲームにハマる子がなにか悩みや困りごとをかかえている場合が多いという現実があります。劣等感や孤立感、プレッシャーやさびしさ、あるいは、家族や現実世界の友だちとのトラブルに悩みながらも、だれにも助けを求めることができないまま、インターネットやゲームでつらい気持ちをまぎらわしているのです。そういった子たちを、「特別な人」として見るのではなく、「困っている人」として手をさしのべ、信頼できる大人につなげることが大切です。本書はそういった困っている人にどのように手をさしのべたらよいのか、また自分自身が大きな悩みをかかえている場合、どのようにしたらよいのかを紹介しています。

本書を通してまわりの困っている人への理解と、また自分自身を助ける知識を身につけていただけることを願っています。

先生がたへ

近年、保護者が子どもに、乳幼児期からスマートフォンをさわらせたり、動画を見せたりすることがあたり前になってきています。また学校では、2019年から開始されたGIGAスクール構想により、日本全国で小学校1年生から情報端末を使用するようになりました。それと同時に子どもたちは、インターネットを利用する時間が増え、スマートフォンやタブレットなどを手放せない環境にあるといえます。

そんな状況の子どもたちだからこそ、スマートフォンやタブレットの利用によって、インターネットやゲームに依存する危険があることや、依存する原因、治療方法などについて知ってもらうことが必要なのではないでしょうか。また、先生がたも、スマホ・ゲーム依存はだれでもなりうることと受け止め、子どもといっしょに考えていくことを心がけてください。

本書は、心やからだを守りながら、スマートフォンやゲームと上手につきあっていくための方法を示す内容になっています。自分や家族、友だちがスマホ・ゲーム依存になって困っている人に寄りそうために、この本を役立てていただけたら幸いです。

国立研究開発法人 国立精神・神経医療研究センター
精神保健研究所 薬物依存研究部 部長
同センター病院 薬物依存症センター センター長

松本 俊彦

1章 スマホでハマるものってなに？

息ぬきでやっていたらゲーム依存に!?

1-A

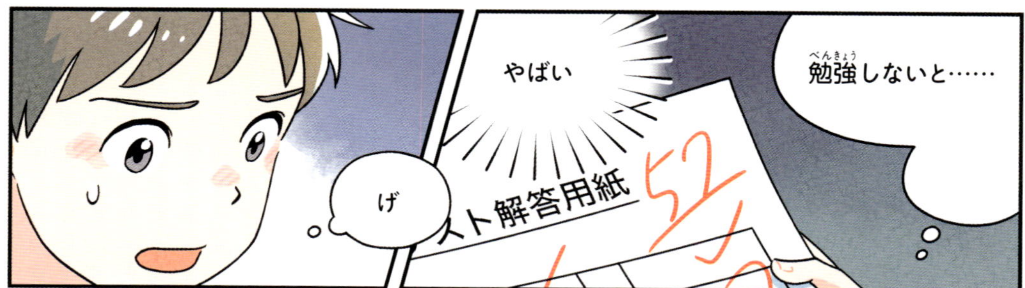
げ
やばい
スト解答用紙
勉強しないと……

リクのテストが終わったら
ゲームしよ！
リクがいないと
つまらないよー笑
うん！約束！
楽しみにしてがんばる
約束したし
1時間だけ……

やった
クリアー
やっぱリクがいると
ちがうなー

あはは…

2学期
リク おきなさい
学校 間に合わないよ
昨日
おそかったの？
うん……
勉強してたんだけど
ちょっと体調が
悪くて……

大丈夫？ じゃあ
今日は学校を
お休みするのね？
うん
ウソだけど
……

まあ いっか
学校行っても
勉強わかんないし
友だちいないし

チャット
RPG
リクめっちゃ
強いじゃん！
さすがリク！
リクがいれば
よゆうだよ！

ガーネットの小袋
¥1,200
ゲームなら
仲間だっているし
得点だって……

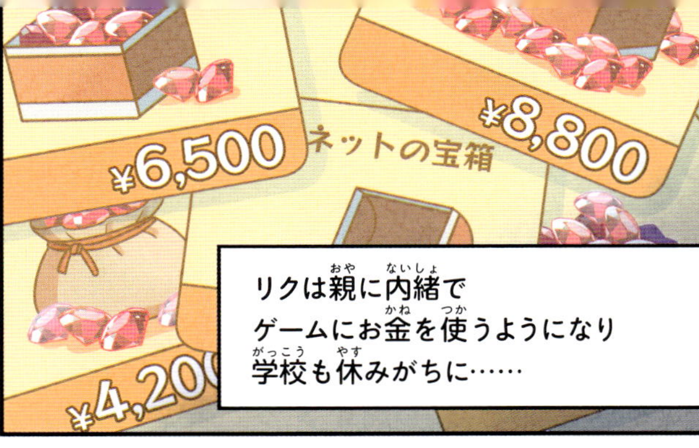
¥6,500
ネットの宝箱
¥8,800
¥4,200
リクは親に内緒で
ゲームにお金を使うようになり
学校も休みがちに……

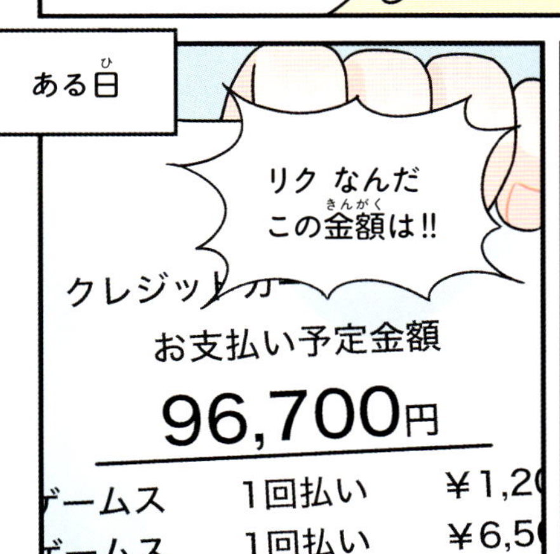
ある日
リク なんだ
この金額は!!
お支払い予定金額
96,700円

ゲームス　1回払い　¥1,20
ゲームス　1回払い　¥6,50
ゲームス　1回払い　¥4,20
ゲームス　1回払い　¥8,8

スマホは預かるから
まずは毎日 学校に行きなさい
あっ

返せよ……
返せっ!!
ガ!

リク!
お父さんに
なにするの!!

サッ

バタン!!
リク!
リク
開けて!

どうして？

スマホにハマる理由

近年、スマホは生活に欠かすことのできないものになっています。
しかしその一方で、スマホをひとときも手放せなくなる人も増えています。
なぜ、私たちはそんなにスマホにハマってしまうのでしょうか。

なにに依存性があるの？

スマホは、通話やメールのほか、動画が見られたり音楽が聞けたり、調べものやゲームができたりするとても便利な機械です。

スマホがあれば、いろいろなことが、いつでもどこでも手軽にでき、また、つねに情報が更新されるので、あきることもありません。だからこそ、つい使用時間が長くなり、スマホを持っていないと落ちつかなくなるなど、依存につながっていくのです。

スマホを使いはじめる年齢が早まっている

スマホなどによるインターネットの使用は、開始時期が早ければ早いほど、依存しやすくなると考えられています。近年、乳幼児期から保護者が子どもにスマホをさわらせたり、動画を見せたりすることがあたり前になってきているため、スマホにハマる人が増えているのです。

ハマるもの 1 メッセージアプリやコミュニケーションアプリ

スマホのどんな機能に、どんなふうにハマりやすいか見ていこう！まずは人と交流するためのアプリだよ。

「メッセージが来るかも……」とたびたびチェック

無料で仲間と連絡をとりあえるアプリは、多くの人が使っています。かわいいスタンプも大人気。ただ、いつでもメッセージをやりとりできるために、いつメッセージが来るか気になります。また、メッセージが来たらすぐに返信しなければならないという仲間内でのプレッシャーもあり、ひまさえあればスマホをチェックするようになりがちです。

友だちや恋人の投稿が気になる

写真や動画を投稿できるアプリでは、友だち、恋人、好きなアイドルや俳優などの情報を知ることができます。たくさんの人をフォローしていると、投稿をチェックするだけでも大変です。でも、ハマってしまうと、少しでも早く、ひとつも逃さず見なければ気がすまなくなっていきます。一日中通知が気になり、スマホを見つづけてしまうのです。

もっと「いいね！」がほしくなる

自分の投稿に、コメントや「いいね！」がつくのはうれしいものです。もっと「いいね！」がほしい、注目されたいと、投稿することにのめりこむ人もいます。そうなると、投稿への反応が気になって、スマホが手放せなくなります。

また、注目されるために過激な内容の投稿をすれば、炎上※してトラブルにまきこまれる危険性もあります。

※投稿内容や投稿者に対して批判や非難が集まり、収まりがつかない状態のこと。

動画や動画の配信者

動画サイトは、コミュニケーションアプリやスマホゲームと同じくらいハマってしまう人が多いんだ。気をつけて。

ショート動画を際限なく見てしまう

スマホではさまざまな動画を見ることができます。ショート動画とは15秒～３分程度の動画のことで、すぐに見終わるのがいいところですが、ちょっと時間ができたからと１本見るとやめられず、もう１本、もう１本と、結局、長時間見てしまう人が多いのです。

「オススメ」機能が原因のひとつ

動画を見ていると、その人がよく見ている動画の傾向に合わせた、オススメ動画が表示されます。気になる動画がつぎつぎに紹介されるため、つい見たくなってしまい、知らぬ間に動画を見つづけてしまうことにつながります。

流行におくれたくなくて見る

配信される動画からは、たくさんの流行が生まれます。友だちとの話題に乗りおくれたくないという気持ちから、人気の動画をあれこれ見つづける人も多いでしょう。

配信者を応援したくて動画を見る

動画の配信者にハマる人もいます。ライブ配信があると、配信している人とやりとりもできるため、一体感が生まれます。お気に入りの配信者を応援する気持ちから、その人の配信は欠かさずにリアルタイムで見たくなり、睡眠時間や勉強の時間など、ほかのことに費やす時間をけずってまで見るようになってしまいます。

世界の真実7選
すべての病気は○○で治る
これが○○の闇!

ウソの情報の動画にハマることも

動画の配信者にハマって、その人がいったことをすべて信じるようになる人もいます。また、オススメ機能で似ている内容の動画が表示され、それを見つづけることで、デマや陰謀論のようなウソの情報だとしても信じこんでしまったり、その情報を拡散してしまったりする危険性もあります。

投げ銭がやめられなくなる

ライブ配信のサイトの多くに、配信者にお金を送る「投げ銭」という機能があります。投げ銭をすることで、より配信者を応援している気持ちが高まります。自分のコメントが配信者の目にとまりやすくなるので、投げ銭にハマってしまい、回数や金額が増えていくことも。金銭トラブルにもつながります。

うれしい〜!
名前をよんでくれた!!
もっと投げ銭しよう!!
LIVE

そのときは自分もハッピーになるんだけど、投げ銭しすぎて、とてもおこづかいでは足りないような、高額な請求をされてしまうケースもあるよ。

ハマるもの❸ ネットサーフィン

最新の情報を見のがしたくない

インターネットでつぎつぎとサイトにアクセスして、情報を見つづけることをネットサーフィンといいます。

スマホはネットにアクセスでき、さまざまなジャンルの最新情報を知ることができます。新しい話題が絶え間なくネットに上がるので、追いかけるのは大変です。友だちと同じ話題で盛り上がるためにも「情報を知らなくちゃ」とリンクをたどり、気づくと時間を忘れ、次から次へとサイトを見てしまいます。

ハマるもの❹ 電子書籍や電子コミック

本やマンガが手軽に読める

無料で読める本やマンガがあるのもスマホの便利なところです。スマホさえあれば、本やマンガを持ち歩くことなく、いつでもどこでも何冊分もの作品が読めます。

その手軽さから、毎日無料で読める分だけ全部読みきるのが習慣になってしまったり、無料で読める分だけではものたりなくなってしまったりして、お金を払って読み進めるようになり、たくさんの時間やお金を使ってしまいます。

ハマるもの 5

アダルトサイト

未成年でも見ることができてしまう!?

本当は成人向けのサイトですが、かんたんな年齢確認をされるだけなので、18歳未満でもアクセスできてしまいます。ちょっとした好奇心から見はじめますが、だんだんと刺激の強いものを見たくなって、ハマっていきます。

性に対するきちんとした知識がないうちに刺激の強いアダルトサイトを見ていると、性に対するかたよった考えをもってしまうことが多く、そうしたことも問題になっています。

性に対する興味があるのは当然のこと。アダルトサイトをひとりで見つづけるのではなく、友だちと恋愛や性の話ができるといいね。そういう話をするのは、いけないことでも、はずかしいことでもないよ！

ポルノ依存になる危険も!?

性行為や性器などの動画や画像であふれているアダルトサイトは、とても刺激の強いものです。アルコールや薬物がやめられなくなるのと同じように、見つづけているうちに刺激がないとものたりなくなり、見るのをやめられなくなってしまうことがあります。

そのような「ネットポルノ依存」になると、いくら見るのをやめようと思っても、自分の意思ではやめられません。周囲に相談もしづらく、ひどくなっていく危険があります。

ハマるもの 6 オンラインゲーム

無料ではじめられて「ゴール」がない

スマホでできるオンラインゲームは、無料で楽しめるものが多く、スマホさえあればだれでも気軽にはじめられます。ジャンルも、ロールプレイングゲームをはじめ、シューティングゲームやパズルゲーム、リズムゲームなどさまざま。つねにアップデートされて終わりがないので、一度はじめるとなかなかやめるタイミングがつかめません。

「仲間」に迷惑をかけたくない

オンラインゲームには、ネット上の仲間とやりとりをしながら、いっしょにプレイできるものもあり、活躍するとほめられるので、気分も上がります。チームを組んで役割をもつなどすると、自分がぬけると迷惑をかけることになると考え、責任感の強い人ほどやめられなくなります。

毎日やるとアイテムがもらえるしくみ

ゲームには、有利にプレイするためのアイテムが用意されています。長い時間プレイしたり、毎日プレイしたりすると、そうしたアイテムや、アイテムを買うためのコインなどをもらえるしくみがあります。それらを手に入れるために、ゲームをしつづけてしまう人が多いです。

★このページはコピーして使ってください。

きみは大丈夫？

スマホ依存チェックリスト

自分でも気がつかないうちに、スマホの使用時間が長くなっていませんか。
下の質問に答えて、あてはまるものの数字を足し、合計の点数を出しましょう。

1 スマホ使用が理由で、予定していたことや勉強ができない。

1：まったくちがう　2：ちがう
3：どちらかというとちがう
4：どちらかというとそのとおり
5：そのとおり　6：まったくそのとおり

2 スマホ使用が理由で、クラスなどで課題にとりくんだり、勉強をしたりしているときに集中できない。

1：まったくちがう　2：ちがう
3：どちらかというとちがう
4：どちらかというとそのとおり
5：そのとおり　6：まったくそのとおり

3 スマホを使っていると、手首や首の後ろが痛いと感じる。

1：まったくちがう　2：ちがう
3：どちらかというとちがう
4：どちらかというとそのとおり
5：そのとおり　6：まったくそのとおり

4 スマホが手元にないとがまんできなくなると思う。

1：まったくちがう　2：ちがう
3：どちらかというとちがう
4：どちらかというとそのとおり
5：そのとおり　6：まったくそのとおり

5 スマホが手元にないと、イライラしたり、怒りっぽくなったりする。

1：まったくちがう　2：ちがう
3：どちらかというとちがう
4：どちらかというとそのとおり
5：そのとおり　6：まったくそのとおり

6 スマホを使っていないときでも、スマホのことを考えている。

1：まったくちがう　2：ちがう
3：どちらかというとちがう
4：どちらかというとそのとおり
5：そのとおり　6：まったくそのとおり

7 スマホが生活に、とても悪い影響をおよぼしているとしても、スマホを使いつづけると思う。

1：まったくちがう　2：ちがう
3：どちらかというとちがう
4：どちらかというとそのとおり
5：そのとおり　6：まったくそのとおり

8 SNSなどで、ほかの人とのやりとりを見のがさないために、スマホをずっとチェックする。

1：まったくちがう　2：ちがう
3：どちらかというとちがう
4：どちらかというとそのとおり
5：そのとおり　6：まったくそのとおり

9 使う前に考えていたよりも、スマホを長時間使ってしまう。

1：まったくちがう　2：ちがう
3：どちらかというとちがう
4：どちらかというとそのとおり
5：そのとおり　6：まったくそのとおり

10 まわりの人が、自分に対して「スマホを使いすぎている」という。

1：まったくちがう　2：ちがう
3：どちらかというとちがう
4：どちらかというとそのとおり
5：そのとおり　6：まったくそのとおり

スマホ依存になっていても自覚がない人もいるんだ。

点数：31点以上 ▶ スマホ依存の可能性があります。

★31点未満でも気になることがあれば、精神保健福祉センター（→46ページ）に連絡しましょう。

*このチェックリストは「スマートフォン依存スケール（短縮版／SAS-SV）」（出典:Kwon M et al. PLoS One 2013; 8: e83558.／訳:久里浜医療センター）」を参考に作成したものです。

スマホを使うときに気をつけること

スマホと上手につきあっていくには、自分のからだや友だちとの関係性などを守ることを意識しながら、スマホを使うようにすることが大切です。

からだのトラブルをふせぐ

●目を休ませる

スマホを使うときには、ときどき画面の外を見たり、まばたきをしたりすることを心がけましょう。1回に30分以上使わないようにして、こまめに休けいをとるのもよいです。また、目をぐるぐるとまわしたり、ぎゅっと目を閉じたり見開いたりして、目の筋肉を動かすと、つかれがやわらぎます。

●遠くを見る

●目をぐるぐるまわす

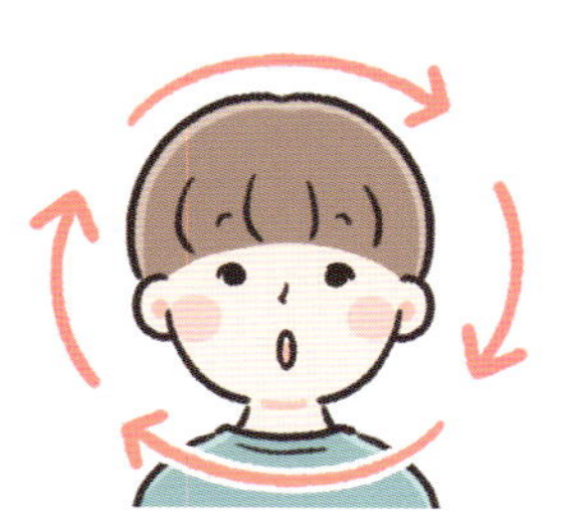

●目を強く閉じたり、見開いたりする

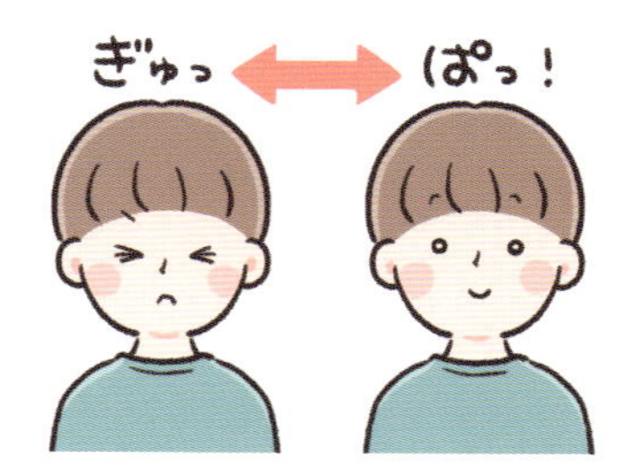

●耳を守る

スマホ難聴（→28ページ）にならないためにも、できるだけ、イヤホンやヘッドホンを使わないようにしましょう。スマホから出る音を直接聞くようにすることで、耳への負担をへらすことができます。

●正しい持ちかたをする

手や指への負担をへらすために、スマホは両手で操作するようにしましょう。また、スマホを安定させて持つため、スマホリングなどのアイテムを活用するのもよいでしょう。

●スマホリングをつけて持つ

●両手で持って両手の親指で操作する

コミュニケーションのトラブルをふせぐ

●ルールを伝えておく

友だちや仲間との関係性を守るために、自分のスマホ利用のルール（→18〜19ページ）をあらかじめ伝えて、わかっておいてもらうとよいでしょう。ルールを伝えずに、連絡や返事をしないでいると、つきあいが悪いといった印象を相手にあたえてしまい、トラブルの原因になる可能性があります。

●メッセージアプリの使いかたを見直す

友だちからの返信が気になったり、早く返信をしなければとあせったりすると、メッセージアプリを使いすぎたり、まちがった内容を送信したりしてしまうなどのトラブルにつながりかねません。必要のないやりとりや、チェックをする時間が多すぎないか確認しましょう。また、相手に返信やリアクションを無理に求めない姿勢も大切です。

あわてていると、相手のメッセージの意味をかんちがいしてしまうこともあるから気をつけよう！

犯罪にまきこまれないように注意する

●不正アプリに気をつける

ネットにはさまざまな不正アプリがあり、ダウンロードすると、メールアドレスなどの個人情報をぬすまれ、悪用されることがあります。本物のゲームとよく似せてつくられたアプリは、パッと見ただけでは本物と区別がつきません。

ダウンロードする前に、アプリを提供している会社の情報を調べて、信頼できるかどうか確認するようにしましょう。

●SNSで知りあった人と会わない

ネット上では、性別をいつわったり、大人が10代のふりをしたりすることができます。同年代の人だと思って、SNSで知りあった相手と会った結果、犯罪にまきこまれたという事件もたくさんおきています。自分の身を守るためにも、SNSで知りあった人とは会わず、SNSだけでのつきあいにしましょう。

スマホを使うときのルールを決めよう

スマホは、とても便利な機械です。心やからだを守りながら使っていけるよう、自分がどんな使いかたをしているかを知り、使いかたを考えていきましょう。

スマホの使用時間を確認

スマホには、使用時間や使用アプリを確認することができる、「スクリーンタイム」や「Digital Wellbeing」といった名前の機能がついています。一日を通して、スマホを使った時間や、使ったアプリの種類を確認し、本当にスマホを使う必要があったのか、必要でもないのにだらだらと使っていた時間がないか、ふり返ってみましょう。

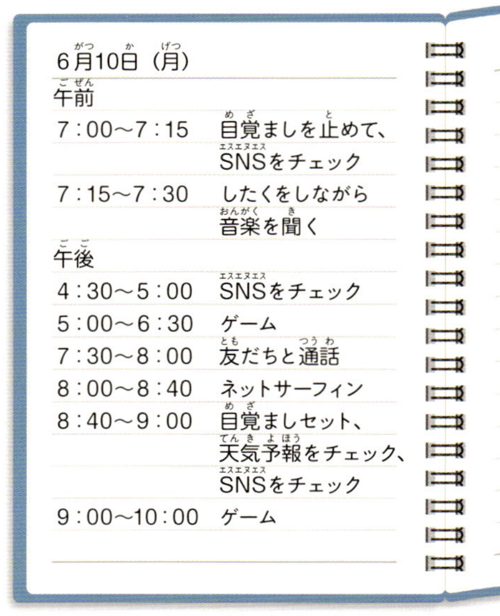

6月10日（月）

午前	
7：00～7：15	目覚ましを止めて、SNSをチェック
7：15～7：30	したくをしながら音楽を聞く
午後	
4：30～5：00	SNSをチェック
5：00～6：30	ゲーム
7：30～8：00	友だちと通話
8：00～8：40	ネットサーフィン
8：40～9：00	目覚ましセット、天気予報をチェック、SNSをチェック
9：00～10：00	ゲーム

ルールを考える

自分の使用状況がわかったら、使いすぎをふせぐために、自分のためのルールを考えていきましょう。一日の使用時間や、使用できない時間帯、使用する場所などを考えます。

ルールを守るのは自分。保護者とも相談しながら、自分が納得できるルールにすることがポイントです。守れなかったときには、どうするかもあらかじめ決めておきましょう。

ルールをまとめる

ルールを決めたら、紙に書き出します。いつでも見直せるようにしておくことが大切です。毎日確認しましょう。自分で決めたルールであるという意識をもつためにサインをして、保護者にもサインをもらっておくといいでしょう。

コピーして書きこみ、
自分のスマホ利用のルールをつくろう！

★このページはコピーして使ってください。

スマホのルール

年　　月　　日

■使用時間についてのルール

平日　　　時間まで／休日　　　時間まで／夜は　　　時　　　分まで

■スマホを使う場所、場面のルール

（　　　）

※例：食事中、歩きながらのスマホは禁止。ねるときはリビングに置いておく。

■利用していいSNSと、発信していいこと、悪いことなど、使いかたのルール

（　　　）

■SNSの仲間についてのルール

（　　　）

※例：直接やりとりするのは知っている人だけ。

■使うアプリや、アプリのダウンロードについてのルール

（　　　）

※例：新しくアプリをダウンロードするときは保護者に相談する。

■試験前のときなどの特別ルール

（　　　）

■そのほかのルール

（　　　）

※例：そのときだけ、どうしてもルールを変えたいと思ったときには、保護者に相談する。

■相談をせずにルールをやぶったときは

（　　　）

サイン　自分＿＿＿＿＿＿＿＿　保護者＿＿＿＿＿＿＿＿

2章 ゲーム依存ってなに？

身近にある！ ゲーム依存のきっかけ

オンラインゲームを楽しむことは、めずらしいことではありません。しかし、依存するほどハマってしまうことがあります。どんなきっかけでハマるのでしょうか。

CASE 1

▶Aさん
▶中学2年生

ゲームで友だちができてうれしくて

学校では友だちができなくて、けっこうひとりでいる時間もあるんだけど、オンラインゲームをはじめたら気が合う仲間ができて、むちゃくちゃ楽しくなりました。顔が見えなくて気楽だし、口で話すより文字を打つほうが話しやすい。ゲーム仲間とは仲よくしていきたいから、コミュニティには必ず参加しています。

CASE 2

▶Bさん
▶高校1年生

成績はいまいちだけど ゲームでは高評価がもらえる

難関校に入学できて、今までひかえていたゲームがたくさんできるようになりました。高校ではテストの点が悪くて落ちこむこともあるけど、ゲームをすると仲間がほめてくれるから、心配ごとやイヤなことが忘れられます。もっと評価してもらえるよう、うまくなりたいのでゲームはやめられません。

CASE 3

▶Cさん
▶中学3年生

レアアイテムがほしくて ガチャがやめられない

ゲームで、いろいろなアイテムを手に入れるのはとても楽しく、ガチャをひくのはドキドキして盛り上がります。ほしいアイテムが出ればいいけれど、そううまくいきません。だからできるかぎりたくさんひきます。

有料のガチャは、よりよいアイテムが手に入るのでお金を払ってひきます。そろえてきたアイテムを、有効に使うためにもやめられません。ついお金を使いすぎておこづかいが足りなくなり、よく親とケンカしています。

CASE 4

▶Dさん
▶高校1年生

スマホが使えなくなって ネットカフェに行くように

オンラインゲームにハマって、つい学校もサボりがちになってしまいました。たしかに自分が悪かったとは思うけど、親からスマホをとりあげられてしまい、本当に腹が立ちました。なんとかゲームをつづけたいと思い、見つけたのがネットカフェです。スマホより大きい画面でできるし、だれにもじゃまされないし、最初からこっちですれば、スマホもとりあげられなかったのにと思います。ネットカフェ代は、親の財布からこっそりもらっています。

スマホ依存からゲーム依存に

やりすぎだからやめなきゃと思っても、ゲームがやめられないゲーム依存。
スマホの利用からゲーム依存になることが多く、生活リズムが乱れてもやめられず、
学校を退学になる人や仕事を失う人もいます。

ゲーム依存は病気と認定された

ゲームをしているために、勉強や仕事など日常生活に問題が発生している。また、健康にも悪影響があらわれているのに、どうしてもゲームがやめられない。こうした状態がゲーム依存です。2019年には世界保健機関（WHO）が「ゲーム行動症（ゲーム障害）」（以下、ゲーム依存※）という新たな病気として認定しました。この病気は、なってしまうと自分だけで治すことはむずかしく、病院などでの治療が必要になる場合もあります。

どうしてゲーム依存になるの？

ゲームで高スコアを出したり、コミュニケーションアプリで「すごい」「いいね」とほめられたりするときの快感が、依存性を高めます。

この快感は、脳のなかで出るドーパミンによるものです。もっとたくさん、もっと強く快感を味わいたいという気持ちが増し、ゲームがやめられなくなったり、ゲーム機やスマホを手放せなくなったりします。自分の意思ではやめられない、悪循環におちいってしまうのです。

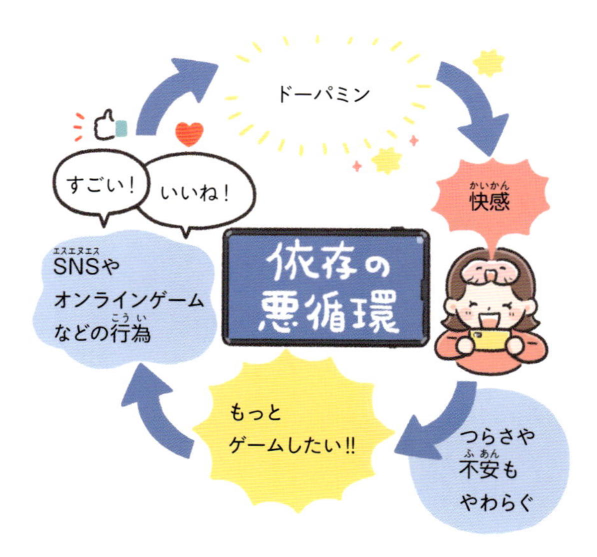

快感は、生活のなかで感じているつらさや不安も一時的に消してくれるから、つらい気持ちになると、またやりたくなることもあるんだ。

※日本精神神経学会では、公式名称を「ゲーム行動症（ゲーム障害）」としていますが、本書では、わかりやすさを考慮して、「ゲーム依存」という用語を使用しています。

ゲーム依存の人が増えている

スマホをだれもが持つようになり、多くの人がオンラインゲームを楽しむようになってから、年齢や性別にかかわらず、ゲーム依存の人が増えています。スマホ依存で生活に支障をきたしている場合の原因の多くはオンラインゲームやSNSへの依存といわれ、日本ばかりでなく世界中でゲーム依存の増加が問題になっています。

ゲームの「ガチャ」はギャンブルのようにハマりやすい

なにがもらえるかわからない「ガチャ」は、どんなものが出てくるか、ひくたびにとてもワクワクします。ほしかったものが出てくれば大喜びですが、たいしてほしくないものが出てくるとがっかりして、「次こそは！」とまたひきたくなります。これは、「一発あてよう！」というギャンブル（賭けごと）でいだく気持ちとよく似ています。

パチンコなどのギャンブルにハマってしまう人が多いように、ゲームのガチャもハマりやすく、ゲームそのものより、ガチャに依存してしまう人も多くいます。

危険なオンラインカジノ

最近では、オンラインで手軽にギャンブルができるカジノ（ギャンブルをおこなう施設）があります。ただし、海外では合法とされるオンラインカジノでも、日本から接続してお金を賭けるのは犯罪です。それを知らずに、軽い気持ちではじめると、いつでもできることから、あっという間にハマり、賭ける金額が大きくなっていきます。また、そうしたサイトにアクセスすると、個人情報や資産情報などが流出する危険もあります。

知っておきたい
ゲームのしくみ

ゲームには、遊ぶ人たちを夢中にさせるしくみがたくさんあり、
夢中になりすぎるとゲーム依存になる危険性があります。

達成感が得られる

多くのゲームでは、たくさんの小さなミッションが設定されています。小さなミッションでも、クリアするたびにレベルアップしたり、アイテムがもらえたりするなどのごほうびが用意されていて、そのたびに達成感が得られます。勉強などよりも短い時間でたくさんの達成感が得られ、やったらやった分だけ成果が出るしくみは、ゲームにハマる要因になります。

オンラインゲームには、
小さなゴールはたくさんあるけれど、
大きなゴールやゲームの終わりがないから、
ずっとやりつづけてしまうんだ。

成功体験が得られる

最初のステージがとてもやさしい難易度に設定されているようなゲームは、だれでもクリアできるので、かんたんに成功体験を得ることができます。一度成功体験を得ると、その魅力にハマり、「もっとやりたい！」と感じるのです。

みんなから認めてもらえる

オンラインゲームでは、ゲーム内でメッセージのやりとりをすることができるものが多いです。ミッションをクリアしたり、ゲームに強くなったりすると、すぐに友だちや仲間からメッセージが届き、ほめられたり能力を認めてもらえたりします。すると、「だれかにほめてほしい」「他人から認められたい」という承認欲求が満たされるのです。

達成感や成功体験を得たり、
承認欲求が満たされたりすると、
脳のなかでドーパミンが出るんだ。

「もったいない」気持ちが生まれる

ゲームをプレイするとゲーム内での体力がなくなって、一時的にゲームができない状態になる設定のものがあります。時間がたてば体力が回復して、またゲームができるようになるのです。このしくみにより、「回復したらすぐにゲームをしないともったいない」という気持ちが生まれ、ねる時間をおしんでゲームをしたり、回復しているかを確認するために何度もゲームのアプリを開いたりするようになっていきます。

競争心が刺激される

ゲームのスコアによって、ランキングを表示するオンラインゲームが多くあります。ランキングが表示されると、「上位にランクインしたい」「友だちよりも高い順位をめざしたい」といった競争心が刺激されます。もっとゲームで強くなろうとしてプレイ時間が増えれば、ゲーム依存になる危険性が高まります。

ネットが普及する前のゲームは？

パソコンが家にあることや、スマホをひとり一台持つことがあたり前ではなかったころ、友だちとゲームで遊ぶには、ゲーム機やゲームのコントローラーを複数用意して、一か所に集まる必要がありました。しかし、ネットが普及してからは、どこにいても、だれとでもゲームで遊べるようになり、その手軽さから、ゲームにハマる人が増えたと考えられます。

携帯型のゲーム機を使って外で遊ぶ場合には、ネット接続ができないため、ローカル通信（近くにいる人とだけ使える無線通信）を使用する必要がありました。

スマホの使いすぎやゲーム依存による脳への影響

大人でも子どもでも、スマホやゲームに依存してしまうことがあります。
ただ、まだ成長途中で、脳やからだが未発達な子どもは、
大人より強く刺激を受け、悪影響も受けやすいので、より注意が必要です。

脳がつかれてしまう

スマホを使いすぎたり、ゲームをやりすぎたりして脳で情報を処理しつづけると、脳がつかれてしまいます。脳には、心やからだの動きをコントロールしたり、いろいろな指示を出したりするはたらきがあるため、脳のつかれは、心やからだにトラブルがあらわれる原因となります。

脳のなかではつねに、いろいろな情報がやりとりされているよ。脳がつかれているというのは、大切な情報を伝えるために必要な物質が、脳のなかで不足している状態なんだ。

脳がつかれるとどんなことがおきるんだろう?

考える力が低下する

脳がつかれると、ものごとを整理して考え、理解する能力が下がり、かんたんなことしか理解できなくなっていくおそれがあります。なにかを解決しようとするときにスマホにばかりたよって、自分で考えることをしないという行動も、考える力を低下させる原因のひとつです。

記憶力が低下する

ものごとを記憶するには、情報の整理が大切です。脳がつかれている状態で新しい情報がどんどん入ってくると、情報の整理が追いつかず、記憶した情報がうまくひき出せなくなります。そうすると、人や物の名前が思い出せなくなったり、人との約束を忘れてしまったりするなど、もの忘れがひどくなっていきます。

勉強の時間をけずって
スマホやゲームばかりしつづけると、
考える力や記憶力が下がって、
授業や自宅での勉強に集中
できなくなって成績が落ちて
しまうかもしれないよ。

感情をコントロールしづらくなる

脳がつかれると、感情をコントロールする機能も低下します。すると、とつぜん泣き出したり怒り出したりするなど、気持ちが不安定になります。また、落ちつきがなくなったり、衝動がおさえられなくなったりして、暴言をはく、暴力をふるうといった行動をとるようになる場合もあります。

やる気が出なくなる

スマホの使いすぎやゲーム依存によって、脳のなかでドーパミンが出つづけると、いずれ、ドーパミンが出にくくなります。すると、快感を得られず、やる気が出なくなって、新しいことにとりくむ意欲がなくなり、ますますスマホやゲームにハマっていくという悪循環におちいる場合があります。

やる気が出なくなると、友だちと会って話したり、
外で遊んだりするような楽しさを感じることや、
新しいことを発見する機会がなくなっていってしまうよ。

そんなんじゃ、スマホや
ゲームをしているとき以外の
時間が楽しくなくなっちゃうね。

スマホの使いすぎやゲーム依存による からだへの影響

スマホを長時間見つめ、使いつづけると、目や耳など、
からだのあちこちに負担がかかり、ダメージを受けます。
からだが成長途中の子どもは大人より影響が大きく、注意が必要です。

視力が落ちたり、ドライアイになったりする

　長く集中してスマホやゲームの画面を見つづけると、目の筋肉が緊張した状態がつづき、目がつかれ、視力の低下につながることがあります。また、画面を見ていると、まばたきの回数が少なくなるので、目の表面がかわく「ドライアイ」になることも多く、目がかすんだり、痛くなったりします。

片方の目がより目になってもどらず、ものが二重に見えるようになる「スマホ急性内斜視」という病気になる人も増えているんだ。

耳が聞こえにくくなる

　スマホで音楽を聞いたり、ゲームをしたりするために、長時間、大音量でイヤホンを使用すると、耳に負担がかかり、スマホ難聴になる可能性があります。スマホ難聴は、聴力が少しずつ低下するので、症状が進むまで気づきにくく注意が必要な病気です。

肩こりや頭痛、腰痛などがおこる

　ずっと同じ姿勢をつづけてスマホやゲームの画面を見ていると、筋肉がその姿勢でかたまってしまい、血のめぐりが悪くなります。そのせいで、肩や頭、腰などが痛むようになります。目のつかれも、肩こりや頭痛の原因になります。また、背中を丸めた姿勢になることが多いため、姿勢も悪くなります。

手や指が痛くなる

ずっとスマホを持って操作をしているために、手や指に痛みが出ることもあります。片手の小指でスマホを支えていると、小指が変形することも。また、同じ指の動きをくり返すことでけんしょう炎になることもあります。

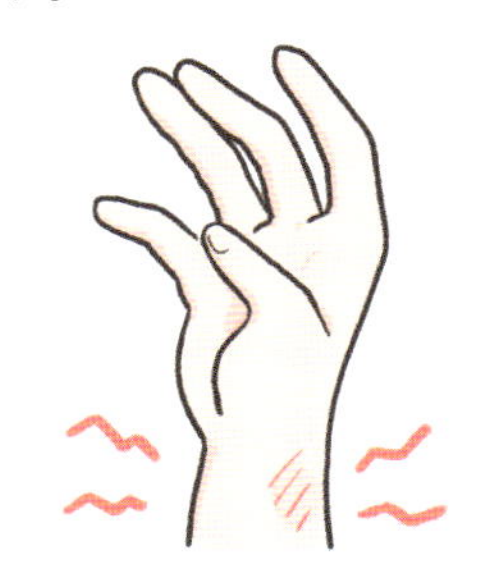
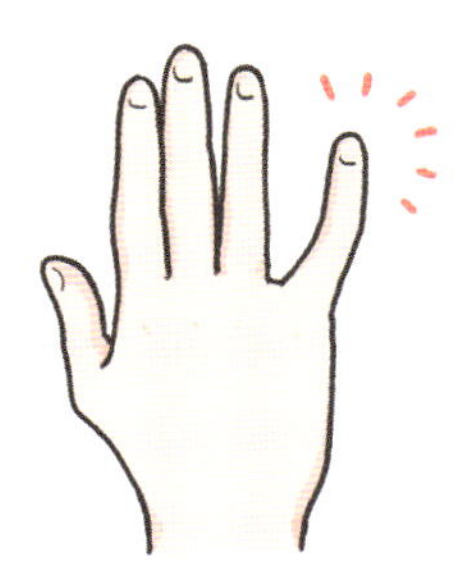

筋力や体力が低下する

スマホやゲーム機を使う時間が長くなると、その分運動する機会や時間がへってしまいます。運動不足になると、筋力がおとろえ、体力もなくなっていきます。からだもかたくなり、運動能力も低下します。骨や筋肉の成長・発達にも悪影響をおよぼします。

ながらスマホは、事故にもつながる

歩きながらスマホを操作したり、自転車に乗りながらスマホを見たりしていると、まわりに注意が行き届かず危険です。自転車に乗りながらのスマホの操作は、「道路交通法」という法律で禁止されています。自分がケガをするだけでなく、人にぶつかりケガをさせてしまうこともあり、周囲の人にまで危険がおよぶため、やらないようにしましょう。

片手がふさがっているので、転んだときにも大きなケガをしやすくなります。

スマホの使いすぎやゲーム依存による人間関係や社会生活への影響

脳がつかれてはたらきが悪くなったり、からだに不調があらわれたりすると、生活が乱れて、人間関係や社会生活にも影響が出ます。

昼夜が逆転して学校を休みがちになる

ねる前に長時間スマホの明るい光を見ていると、ねむ気をおこす「メラトニン」という物質が脳内でつくられにくくなります。すると、ねつきが悪くなり、ねむりも浅くなってしまい、寝不足になりやすくなります。

寝不足だと、朝、すっきりと目が覚めません。体調が悪くて、学校も休みがちになり、昼はねていて、夜になるとおき出してゲームをする生活になることもあります。

家族や友だちとコミュニケーションをとらなくなる

昼夜逆転した生活を送るようになると、家族とちがった生活リズムになるため、話したり、いっしょに食事をとったりする時間がへっていきます。また、学校に行かなくなれば、現実世界の友だちとコミュニケーションをとる時間がへります。そうすると、ますますSNSやゲームの世界にのめりこんでいくことになり、依存していきます。

郵 便 は が き

料金受取人払郵便

本郷局承認

6255

差出有効期間
2025年８月31日
まで

（切手を貼らずにお出しください）

113-8790

473

（受取人）

東京都文京区本郷2−27−16 2F

大月書店　行

（裏面に住所・氏名・電話番号を記入の上、このハガキを小社刊行物の注文に利用ください。指定の書店にすぐにお送りします。指定がない場合はブックサービスで直送いたします。その場合は書籍代税込2500円未満は800円、税込2500円以上は300円の送料を書籍代とともに宅配時にお支払いください。）

書　名	ご注文冊数
	冊
	冊
	冊
	冊
	冊

指定書店名 （地名・支店名などもご記入下さい）	

ご購読ありがとうございました。今後の出版企画の参考にさせていただきますので、下記アンケートへのご協力をお願いします。

▼※下の欄の太線で囲まれた部分は必ずご記入くださるようお願いします。

●購入された本のタイトル		
フリガナ お名前		年齢 歳
電話番号（　　　）　—	ご職業	
ご住所 〒		

●どちらで購入されましたか。

市町
村区　　　　書 店

●ご購入になられたきっかけ、この本をお読みになった感想、また大月書店の出版物に対するご意見・ご要望などをお聞かせください。

●どのようなジャンルやテーマに興味をお持ちですか。

●よくお読みになる雑誌・新聞などをお教えください。

●今後、ご希望の方には、小社の図書目録および随時に新刊案内をお送りします。ご希望の方は、下の□に✓をご記入ください。

□ 大月書店からの出版案内を受け取ることを希望します。

●メールマガジン配信希望の方は、大月書店ホームページよりご登録ください。（登録・配信は無料です）

いただいたご感想は、お名前・ご住所をのぞいて一部紹介させていただく場合があります。他の目的で使用することはございません。このハガキは当社が責任を持って廃棄いたします。ご協力ありがとうございました。

ネットのトラブルにまきこまれる

SNSにハマると、冷静な判断ができなくなり、ネットのトラブルにまきこまれる危険性が高くなります。たとえば、SNSへの投稿にハマって、「いいね！」ほしさに極端な内容の発信をすれば、批判の声が広がって炎上するかもしれません。デマや陰謀論などウソの情報を信じて拡散すれば、友だちや家族からの信頼を失うことにつながります。

SNSで発信するときには、内容をよく見直したり、情報が正しいかどうかを本や新聞など、ネット以外の手段で確認したりする習慣をつけましょう。

SNSなどで一度投稿した内容を完全に消すことはむずかしいよ。情報がネット上にずっと残りつづけることから、「入れずみ（タトゥー）」にたとえて「デジタルタトゥー」というんだ。

デジタルタトゥーは将来に影響をあたえることも

SNSで炎上するような投稿をしたり、いたずらをした動画を発信したりしたことがある場合、その内容はネット上に残りつづけます。たとえば、そのようなデジタルタトゥーが原因で、将来、進学や就職がむずかしくなる場合があります。また、SNSに生年月日や住んでいる地域などの個人情報を投稿した場合、悪用されることもあります。SNSを利用するときには、デジタルタトゥーによるリスクについても考えて行動しましょう。

※バイトテロとは、飲食店などで働く人が、いたずらなどをしたようすをSNSに投稿して拡散すること。

知っておこう!

どんな人がゲーム依存になりやすいの?

ゲームをする人なら、だれでもゲームに依存する可能性がありますが、
依存しやすい人には、どんな特徴があるのでしょうか。

ゲーム依存になる要因がある

ゲーム依存になりやすい人とそうでない人との差は、周囲の環境や、その人のそれまでの経験によって生じます。

ゲームにハマりやすい人のなかには、実際の生活で悩みをかかえている人が多く見られます。現実が楽しくなくて、ゲームの世界の楽しさに依存してしまうのです。

ほかにも、ゲームには
競争心を刺激するようなしくみがあるから、
負けずぎらいな性格の人が、
ゲームにハマりやすい傾向にあると
考えられているんだ。

どんな理由でゲーム依存になるの?

●家族がゲームをしている

家族がゲームをしていたり、ゲーム依存だったりする場合、また、家族との関係に悩みをかかえている場合には、ゲームに依存しやすくなります。

●学校や友だち関係の悩みをかかえている

学校や現実世界での友だちとの関係に悩みをかかえていると、SNSやゲームでできた友だちや仲間との関係を優先するようになり、スマホ・ゲームをやめられなくなっていく場合が多いです。

●ゲームをする時間がたくさんある

ひとりで過ごす時間やひまな時間が多く、長時間ゲームがしやすい生活環境は、ゲーム依存になりやすい要因のひとつです。

きみは大丈夫？

ゲーム依存チェックリスト

★このページはコピーして使ってください。

ゲーム依存になると、日常生活に支障が出てきます。
依存が深刻になる前に気づくことが大切です。
この一年間をふり返って、あてはまる項目にチェックをしてみましょう。

- [ ] ゲームをしていなくても、頭のなかがゲームのことばかりになっていることがよくある。
- [ ] ゲームができないと、イライラしたりソワソワしたり、悲しくなったりする。
- [ ] もっとひんぱんに、もっと長い時間ゲームをしなければ満足できないと思うことがよくある。
- [ ] ゲームをする時間を短くしようとしても、たいていうまくいかない。
- [ ] 以前楽しんでいた遊びをすることや、友だちと会うことよりも、ゲームをすることを選ぶ場合が多い。
- [ ] 朝おきられなかったり、テストができなかったり、家族とケンカをしたりするなど、ちょっとよくないなと思うことがあっても、長時間ゲームをつづけることがあった。
- [ ] 自分が長時間ゲームをしていることが家族や友だちにバレないよう、よくウソをついてしまう。
- [ ] イヤな気分になったとき、気分をスッキリさせるためにゲームをする。
- [ ] ゲームのために、家族や大切な友だちとうまくいかなくなったり、成績が下がったり、学校に行けなくなったりした。

ゲーム依存になっていても
自覚がない人もいるんだ。
ゲームのせいで困ったことが
おきていると感じたら、
自分だけで解決しようとせずに、
少しでも早く信頼できる大人に
相談しよう。

チェック数：5～9 ▶ 重度	ゲーム依存（ゲーム行動症）の可能性が高いです。 すぐに相談しましょう。
チェック数：1～4 ▶ 軽度	ゲーム依存の症状があらわれています。 これ以上症状が増えないうちに相談してみましょう。

★チェック数が少なくても気になることがあれば、精神保健福祉センター（→46ページ）に連絡しましょう。

＊このチェックリストは「IGDT-10（インターネットゲーム障害テスト）」（出典：Király O et al. Addictive Behaviors 2017; 64: 253-260.／訳：久里浜医療センター）を参考に作成したものです。

知っておきたい

ゲームをするときに気をつけること

自分の心やからだ、友だちとの関係性などを守りながら、
ゲームを楽しみつづけられるようにするには、どんな工夫ができるのか見てみましょう。

ゲームのやりかたを工夫する

●オフラインゲームに切りかえる

オンラインのゲームには終わりがなく、際限なくつづけてしまう危険性があります。ゲーム依存のほとんどが、オンラインゲームによるものです。自分で区切りをつけやすいのは、ネットにつなげずにできて終わりがあるゲームです。オンラインゲームをやりすぎている人は、まずはオフラインのゲームに切りかえてみるとよいでしょう。

オフラインゲーム

●保護者の目の届く場所でゲームをする

自分の部屋ではなく、リビングなどの保護者がいる場所でゲームをするようにしましょう。「姿勢が悪くなっていたら声をかけてほしい」「時間が来たら教えてほしい」と事前に伝えておくとよいです。

コミュニケーションのトラブルをふせぐ

ゲーム利用のルールを仲間に伝える

スマホ利用のルールを友だちに伝えるのと同じように、ゲーム仲間にはゲーム利用のルールをあらかじめ伝えておきましょう。「時間が来てもつづけようとしてしまうから、時間になったら止めてほしい」と仲間に伝えることで、ルールを守れるようになる場合もあります。

ボイスチャットでの言葉づかいに注意

ゲームに夢中になっていると、つい乱暴な言葉づかいをしてしまうことがあります。ゲームをしながら友だちと通話ができる「ボイスチャット」などを使うときは、言葉づかいに注意することが、トラブルをふせぐことにつながります。

お金のトラブルをふせぐ

お金を使いすぎないようにする

「1回に支払う金額が少ないから」と、有料のゲームやガチャをやりつづけると、すぐにおこづかいでは足りなくなるほどの金額になる場合があります。また、無料だと思いこんでお金を払いつづけてしまう場合があるため、ゲームなどで支払いをする前に条件をよく確認しましょう。

クレジットカードの情報は、一度登録すると、その後もカードを利用できてしまうことがあるから、登録しないようにしよう。

犯罪にまきこまれないように注意する

不正行為をしない

ゲームに勝とうとして、ズルをするのが不正行為です。「チート」ともいわれます。不正行為をするための「チートツール」を使っていたことが見つかると、場合によっては法律違反で処罰されることもあります。

IDやパスワードを他人に教えない

オンラインゲームで、他人のアカウントにログインするのは、「不正アクセス禁止法」に違反する犯罪です。他人からの不正アクセスをふせぐために、IDやパスワードはだれにも教えないようにしましょう。

ゲームをするときのルールを決めよう

ゲーム依存になると、不登校になったり、友だちを失ったりすることがあります。
楽しむためのゲームに苦しめられてしまわないよう、
自分のゲームのやりかたを見直してみましょう。

スマホゲームのプレイ時間を記録

スマホの「スクリーンタイム」や「Digital Wellbeing」（→18ページ）などの機能で、一日のゲームのプレイ時間や、なんのゲームをしているのかを確認しましょう。手に入れたアイテムや課金した金額、いっしょに遊んだ仲間の名前とともに、ノートなどにまとめてみるのもよいでしょう。

9月19日（木）

ファンタジー〇〇
2時間半（午後6時～8時30分）
有料ガチャ300円

9月20日（金）
ファンタジー〇〇
1時間（午後6時～7時）

ポコポコ××シュート
2時間半（午後9時30分～12時）
ネコさん、ヨルさん、みーさん、
エスさん、マルさんと

ルールを考える

自分のゲームのやりかたがわかったら、スマホの使いかたのルール（→18ページ）と同じように、ルールを考えていきましょう。

有料のゲームやガチャは、できるだけやらないほうがよいですが、どうしてもお金の支払いが必要になったときのために、家の人と相談して、金額の上限を決めるとよいでしょう。

また、休けい時間もルールのなかに入れておきましょう。1時間つづけたら、15分くらいの休みが必要です。

ゲームでお金を使うときに、なににいくら支払うのか、必ず保護者に報告するようにしておけば、請求が高額になってあわてることもない。内緒でお金を使うより、ちゃんとルールを決めて相談したほうが安心だよ。

休けい中は、目を閉じたり、遠くを見たり、ストレッチをしたりすると、つかれがとれやすいからオススメだよ。水分補給も忘れずにね。

ルールをまとめる

決めたルールを書き出して一覧にし、毎日確認するようにするのも、スマホの使いかたのルールと同じです。

コピーして書きこみ、
自分のゲーム利用のルールをつくろう！

★このページはコピーして使ってください。

ゲームのルール

年　　月　　日

■プレイ時間についてのルール

平日　　　時間まで／休日　　　時間まで／夜は　　　時　　　分まで

■プレイするゲーム

(　　　　)

■ゲームをする場所、場面のルール

(　　　　)

■課金についてのルール

(　　　　)

■オンラインゲームの仲間についてのルール

(　　　　)

■ゲームをダウンロードするときのルール

(　　　　)

■そのほかのルール

(　　　　)

※例：そのときだけ、どうしてもルールを変えたいと思ったときには、保護者に相談する。

■相談をせずにルールをやぶったときは

(　　　　)

サイン　自分＿＿＿＿＿＿＿＿　保護者＿＿＿＿＿＿＿＿

3章 スマホ・ゲーム依存の予防と対策

スマホやゲームから離れ脳やからだを休ませよう

スマホの使いすぎやゲームのやりすぎ、ゲーム依存をふせぐには、
まず自分の決めたルールを守ることが大切です。
さらに、つかれた脳やからだをしっかりと休ませることも考えてみましょう。

デジタル機器から離れてみる

スマホやパソコンなどのデジタル機器から離れる時間をつくることを、デジタルデトックスといいます。長時間デジタル機器にふれていたせいで、つかれた目や脳、からだを休ませることができます。

デジタルデトックスをすると、深くねむれるようになり、朝、目覚めがよくなる人もいます。また、時間によゆうが生まれ、時間が足りなくて今までできなかったことにも挑戦できるようになります。

進めかた

① スマホやゲーム機から離れる

スマホの場合は、利用制限をかけるとよいです。はじめは1、2時間だけやってみるなど、短い時間からのスタートでもかまいません。

ゲーム機の場合は、すぐ手が届くところに置くのをやめてみましょう。ちがう部屋に置く、出かけるときには家に置いていくなど、さわれない環境にしましょう。電源をオフにするのもよい方法です。

② そのまま一日過ごしてみる

スマホの利用制限やゲーム機から離れることに慣れてきたら、まったくさわらない日をつくってみましょう。休みの日に、自然の豊かなところにハイキングに行くなど、デジタルデトックスによってできた時間を有意義に使えるといいでしょう。

できた時間で友だちと遊んだり話をしたり、家族とゆっくり食事をしたりしよう。

リズム運動で脳をリラックスさせる

スマホの使いすぎで緊張し、つかれている脳をリラックスさせる時間をつくってみましょう。脳をリラックスさせるには、1、2、1、2と一定のリズムでからだを動かすリズム運動をするのがよいと科学的にわかっています。

1回の時間は15〜30分程度で十分です。毎日の生活に数回のリズム運動をとり入れるとよいでしょう。

脳がリラックスして
ぼんやりした状態になると、
想像力が豊かになって
なにかひらめくこともある。
脳のつかれが回復して、
脳の成長がうながされたり、
記憶力がアップしたりする
こともあるんだ。

たしかに、
ぼーっと歩いてるときに、
いいアイデアを
思いつくことがある。

手軽なリズム運動の例

●さんぽ

歩くこともリズム運動のひとつ。のんびりと景色を見ながら歩こう。

●サイクリング

1、2、1、2とペダルをこごう。太陽の光を浴びることでも、脳やからだをリラックスさせられる。

●お皿洗い

無心でリズミカルに手を動かそう。上ばき洗いなどでもよい。

ひまな時間の使いかたを決めておく

ひまができると、用もないのになんとなくスマホを手にとってしまいがちです。ゲームをはじめれば、つい長い時間プレイしてしまいます。ちょっとひまができたとき、スマホやゲーム以外にすることを決めておくと、だらだらとスマホを使ったりゲームをしたりすることをふせげます。

たとえば……

紙の本やマンガを読む、イラストを描く、プラモデルやハンドメイドのアクセサリーをつくる、パズルやクイズを解く、料理やお菓子をつくる、楽器を練習する、ペットと遊ぶなど。

ねこの動画を見るのは、
スマホを使うから、
少しひかえようかな……。

スマホ・ゲーム依存は治るの？

スマホ・ゲーム依存は症状が進むスピードが速く、気づかないうちに生活に支障をきたしている場合があります。でも、治療をすれば回復できる病気です。

日常をとりもどせたらOK

スマホの使用やゲームをすることをなによりも優先してしまい、今までどおりの生活ができなくなってしまうスマホ・ゲーム依存。治療は、日常生活を問題なく、健康的に過ごすことをめざして進められます。現代では、大人も子どももスマホのない生活は考えられません。そこで、スマホの利用やゲームを完全にやめることはせず、自分で使用時間をコントロールできるようになれば、治った状態と考えられます。

治療は専門機関でおこなう

治療は病院などの専門機関の力が必要ですが、家族やまわりの人の協力も大切です。ゲーム依存になる人は、ふだんから悩みをかかえていることも多いため、悩みを話せる場をつくることが再発予防につながります。

家族やまわりの人にできること

●コミュニケーションをとる

「おはよう」などのあいさつは欠かさずして、積極的に会話を増やしていくとよいでしょう。たとえゲームの話でも、本人が話すことはしっかり聞きます。生活のなかで充実感や自己肯定感を感じてもらうために、かんたんな用事をたのんだり、いっしょに作業をしたりして、「ありがとう」「助かった」などと声かけをします。

●生活リズムを整える

夜は早くねて、毎朝同じ時間におき、規則正しく食事をとり、生活リズムを整えます。家族が夜おそくまでスマホをさわっていたりしないようにし、みんなで早寝早起きを心がけます。

家にいるとスマホをいじりやすいので、日ごろからさんぽや買いものにさそいましょう。適度にからだを動かすことは、体力の低下もふせぎます。

病院での治療

●心理療法

軽い依存の場合は、本人と医師やカウンセラーが話をし、回復に向けた目標をいっしょに考えていくような心理療法をおこないます。生活の基本習慣や、スマホとゲームの使用状況などを記録していき、ひとりひとりの状況に合わせてとりくみかたを考えます。

今までの行動を変えるには時間がかかります。家族にも、どうしたらいいか病院からアドバイスをし、本人の変わりたいという気持ちをひき出しながら治療を進めます。本人、家族、病院相互の信頼関係が大切です。

治療には、おおよそ2年くらいは病院に通うことが必要だよ。
よくなったり悪くなったりを、くり返すことが多いんだ。
あせらず治療をつづけることが大切だよ。

●デイケア

重度の依存の場合はデイケアに参加します。デイケアでは、同じゲーム依存の人たちが集まり、集団で運動をしたり、食事をしたり、話しあいをしたりして一日を過ごします。スマホやゲームから離れ、健康的に過ごせる時間を増やすことが目的です。現実の世界で、ほかの人とふれあい、会話をしたりすることは、ゲームばかりしていておとろえたコミュニケーション能力のリハビリにもなります。

治療で、キャンプをすることもあるらしいよ。

●入院

重度の依存の場合は、スマホやゲームから完全に離れた生活を送るために、入院して治療をすることもあります。乱れた生活習慣を整え、おとろえた体力をとりもどし、退院後の生活について話しあっていきます。

キャンプも、スマホから離れられそうだね。

依存以外の障害や病気と向き合う

ゲーム依存になっている人には、ADHD（注意欠如・多動症）などの発達障害がある人や、うつなどの心の病気にかかっている人が多く見られます。ゲーム依存から回復させるには、それらの障害とのつきあいかたをさがしたり、病気をよくしたりしていく必要があります。そのために、薬を使った治療がおこなわれる場合もあります。

自分やまわりの人が

スマホ・ゲーム依存かもしれないと思ったら

スマホ・ゲーム依存の治療は、はじめるのが早ければ早いほど回復も早いものです。
時間がたってしまうと、それだけもとにもどることが大変になってしまいます。
「依存しているかもしれない」と思ったら、すぐに行動にうつしましょう。

自分の場合

まわりの大人に相談しよう

なんだかおかしいぞと自分で感じたら、ひとりで悩まず、すぐにだれかに相談して力を借りることが大切です。まずは保護者や担任の先生、養護の先生など、まわりの大人に相談してみましょう。スクールカウンセラーもいいでしょう。自分がいちばん話しやすいと思う人、信頼できると思う人に話しましょう。

相談窓口に連絡しよう

まわりの大人には、相談しづらい場合もあります。そんなときは、地域の精神保健福祉センター（→46ページ）など専門の相談窓口を利用するとよいでしょう。名前をいう必要がなく、秘密を守ってもらえます。必要な場合は、地域の医療機関を紹介してもらいましょう。

スマホ・ゲーム依存かもと、
自分で気づけることは、
それだけですごいことなんだ！
せっかく気づけたのだから、
必ず対策につなげよう。

電話やメールで、
相談できるみたいだね。

それなら、
利用しやすい！

友だちの場合

養護の先生やスクールカウンセラーに相談しよう

ようすを見ていようと思うと、どんどん依存が進んでいってしまいます。まず、学校で信頼できる先生に相談してみましょう。養護の先生やスクールカウンセラーなら、ゲーム依存についての知識をもっているかもしれません。信頼できると思えたら、担任の先生に相談してもかまいません。

友だちとはふだんどおりに接しよう

友だちに対しては、怒ったり、責めたりせずに、今までどおりに接しましょう。できるだけ外での遊びにさそったり、話を聞いてあげたりするのもよいでしょう。

もし、本人から相談されたら、いっしょに信頼できる大人のところへ相談に行きましょう。

家族の場合

専門の医療機関や相談窓口に連絡を

ゲーム依存を治療してくれる施設や、地域の精神保健福祉センターなど専門の相談窓口に相談しましょう。本人は、家族のいうことをすなおに聞かないことが多いものですが、どう対応すればよいか、適切な向き合いかたを知ることができます。

たとえば……

- 精神保健福祉センター
（※地域によっては、ゲーム依存に対応している医療機関がない場合があります）
- ネット・ゲーム依存症相談専用ダイヤル
（ギャンブル依存症回復施設グレイス・ロード）
- OLGA
（オンライン・ゲーマーズ・アノニマス）

NG スマホをとりあげたり、Wi-Fiを切ったりする ✕

いきなりゲームができない状況になると、ゲーム依存になっている人は、怒って暴力をふるうことがあります。

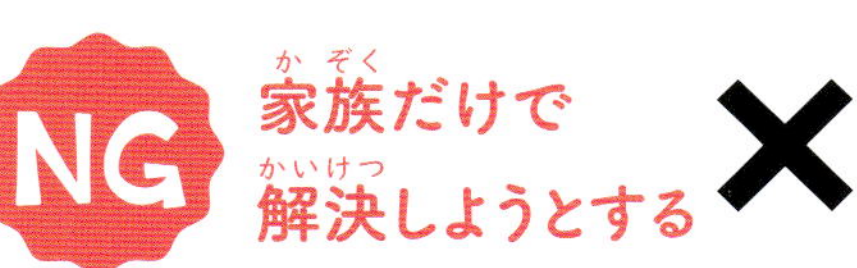

家族のゲーム依存をかくす人もいますが、ゲーム依存を家族だけで治すことはむずかしく、治療がおくれる原因になってしまいます。

\ その後のリクさんは…… /

日常をとりもどすために歩みはじめた

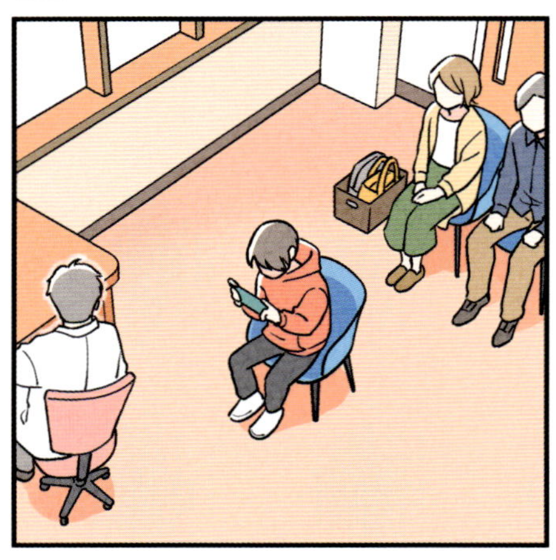

記録して
どうだった？
思ったより
ゲームしてて
自分でも
びっくりした
本当は……
ゲームの時間をへらして
勉強とかもしたい
どれくらいなら
へらせそうかな？
んー2時間
……とか？
いいね！
やってみよう
その後もリクは
カウンセリングに通い
ゲームをする時間は
しだいにへっていった
今日
学校でさ……

相談先一覧

もしかしたら自分は依存症かもしれない、あるいは家族や友だちが依存症かもしれない場合は、なんらかの悩みや苦しい気持ちをかかえながら毎日を過ごしているはずです。ここで紹介している「相談先一覧」を見ながら、自分の状況に合わせて相談してみてください。

依存症の可能性がある場合

精神保健福祉センター

各都道府県および政令指定都市にあります。地域によって「こころの健康センター」など名称がちがう場合も。心の相談全般をあつかっており、相談料は無料。本人でなくても家族が相談することもできますし、地域の支援情報も得ることができます。ネットで「全国の精神保健福祉センター　厚生労働省」と検索すると、全国のセンターの住所と電話番号が調べられます。地域によって活動内容が異なるため、サイトや電話で、相談したい内容をあつかっているか事前に確認しておくとよいでしょう。

もしきみがスマホ・ゲーム依存について悩んでいる場合は、住んでいる地域の「精神保健福祉センター」に連絡しよう。秘密を守ってくれるよ。

ゲーム障害・ネット依存・スマホ依存の治療施設リスト（久里浜医療センター）

独立行政法人国立病院機構 久里浜医療センターが作成したリストです。スマホ・ゲーム依存について相談や治療をおこなうことができる、全国の医療機関が掲載されています。

※対応しているすべての医療機関を掲載しているわけではありません。

こどものネット・スマホのトラブル相談！こたエール（東京都都民安全推進部）

ネットやスマホに関する悩みについてアドバイスをもらうことができる東京都の相談窓口です。スマホ・ゲーム依存についての相談事例を見ることもできます。

※東京都内在住または、通勤、通学をしている人のための相談窓口です。

まずは相談したい場合

厚生労働省サイト「こころもメンテしよう」

厚生労働省による、心身の健康や病気にまつわる子どもたちや若者に向けたサイトです。10代、20代の心の病気の紹介や治療法についての知識が得られるほか、困ったときの相談先の紹介などもあります。

スクールカウンセラー

全国の中学校の約75%に、心の専門家であるスクールカウンセラーがいます。通っている学校にスクールカウンセラーがいる場合は、かかえている悩みを相談してみましょう。

相談窓口「チャイルドライン」

18歳までの子どものための相談窓口です。依存症にかぎらず、どんな話でも聞いてくれます。フリーダイヤル、またはオンラインチャットで相談できます。秘密を守ってくれ、名前を名乗らなくてもよいです。

電話番号：0120-99-7777

※毎日午後4時～午後9時（年末年始はお休み）

オンラインチャット用URL：https://childline.or.jp/chat

スマホ・ゲーム依存は必要な治療や助けを得られることで解決可能な問題でもあるよ。すぐには解決できないかもしれないけれど、まずは相談することが依存からぬけ出す一歩になるんだ。

さくいん

監修

松本俊彦（まつもととしひこ）

国立研究開発法人 国立精神・神経医療研究センター
精神保健研究所 薬物依存研究部 部長
同センター病院 薬物依存症センター センター長

1993年佐賀医科大学卒業。横浜市立大学医学部附属病院にて初期臨床研修終了後、国立横浜病院精神科、神奈川県立精神医療センター、横浜市立大学医学部附属病院精神科、国立精神・神経センター精神保健研究所司法精神医学研究部室長、同 自殺予防総合対策センター副センター長などを経て、2015年より現職。2017年より国立精神・神経医療研究センター病院薬物依存症センター センター長を兼務。
日本社会精神医学会理事、日本アルコール・アディクション医学会理事。
著書に、『自分を傷つけずにはいられない　自傷から回復するためのヒント』（講談社）、『薬物依存症』（筑摩書房）、『誰がために医師はいる　クスリとヒトの現代論』（みすず書房）、『世界一やさしい依存症入門』（河出書房新社）などがある。

編集制作：株式会社KANADEL
編集協力：漆原 泉
装丁・本文デザイン：高橋里佳（有限会社ザップ）
マンガ：仲川麻子
キャラクター：石井里果
本文イラスト：フクイ サチヨ
校正：荒井 藍、澤田 裕

10代からのヘルスリテラシー　スマホ・ゲーム

2024年11月22日　第1刷発行　　NDC498

監　修　松本　俊彦
発行者　中川　進
発行所　株式会社大月書店
〒113-0033 東京都文京区本郷2-27-16
電話(代表)03-3813-4651　FAX 03-3813-4656
振替00130-7-16387　http://www.otsukishoten.co.jp/
印　刷　精興社
製　本　ブロケード

ISBN978-4-272-40758-3　C8337　Printed in Japan

10代からの ヘルスリテラシー

全4巻

薬物

お酒・たばこ

スマホ・ゲーム

ダイエット・摂食障害